REFLEXIONES SOBRE LA PANDEMIA DEL COVID 19.

JAUME CARDONA COSTA. Terapeuta de orientación gestáltica desde hace veinticinco años. Miembro didacta y supervisor de la AETG (Asociación Española de Terapia Gestalt). Socio fundador de l'Escola l'Espai de Gestalt (año 2001) y de l'Escola Gestalt Barcelona (2008) en la que sigue ejerciendo su labor como formador. Director y socio del centro de psicoterapia Gestalt Dimensions. Ha realizado también el Master en terapia breve estratégica (2004) y formaciones en diferentes seminarios de psicodinámica, tanto de orientación psicoanalítica como de orientación junguiana. Ha realizado distintos grupos de formación y trabajo con sueños (2010-2017), así como seminarios temáticos sobre la angustia (2010-2015), la culpa (2010-2015), la introyección y los mecanismos de defensa (2016) y el seminario de Edipo y Gestalt (2015-2016). Ha impartido también talleres de arterapia que tienen la poesía como elemento fundamental de trabajo. Es autor del libro *"Los sueños en psicoterapia Gestalt… y más allá"*, y del libro de poesía *"L'Instant y l'eternitat. 101 Haikus"*, así como del blog de cine y psicología *(www.cineypsicologia.com)* ydel blog de arte y psicología *(www.arteypsicologiajc.com)*. Es licenciado en Biología.

REFLEXIONES SOBRE LA PANDEMIA DEL COVID 19.

Jaume Cardona Costa

iv

V

ÍNDICE

INTRODUCCIÓN

Este pequeño, muy pequeño libro, es el resultado de las reflexiones que durante este primer año que hemos vivido bajo la omnipresencia del virus SARS-COV 2, más conocido como covid 19 o coronavirus, he realizado sobre el fenómeno biológico y las repercusiones que prácticamente nos han afectado en todos los ámbitos de nuestra vida. Muchas veces he estado tentado de escribir en alguna red social algunos de mis pensamientos al respecto, pero no lo hice. Sentí que era demasiado pronto y que era necesario esperar a que pasara el tiempo para poder valorar todo aquello que con ella ha llegado. Ahora que ha pasado un año desde el inicio de esta crisis pandémica me he decidido a publicarlo bajo la forma de pequeño libro, más que nada para unificar todas las reflexiones que puntualmente he ido realizando, reflexiones que provienen de mis conocimientos de los años que estudié biología, de mi profesión en el ámbito de la psicoterapia y de mis inquietudes sociales y políticas. El librito lo escribí en dos fines de semana. Me di cuenta de que las reflexiones puntuales que había ido realizando se estructuraban de una manera casi natural, requiriéndome algún tiempo tan sólo actualizar algunos datos que ya había consultado y repasar las lecturas de libros, artículos y entrevistas que han publicado sobre el tema algunos filósofos cuyo pensamiento valoro especialmente, y que me han acompañado desde hace ya años, como son Giorgio Agamben, Slavoj Zizek, Byung Chul Han, Alain Badiou y otros.

Decidí esperar un tiempo antes de decir mis opiniones al respecto porque, con todo el respeto y admiración que tengo por los pensadores citados, observé en ellos publicaciones muy tempranas y que, a mi parecer, eran un tanto precipitadas. Creo que era necesario esperar para comprender mejor el virus covid 19, así como la enfermedad que genera y sus características, así como también su evolución, como, por ejemplo, que el virus no era estacional. Siempre he creído que antes de decir ciertas afirmaciones, o mantener ciertas opiniones, es importante aprender a sostenerlas con argumentos lo más claros posibles. En esta pandemia todo ha sido objeto de sospecha, y en todos los sentidos: el origen del virus, las motivaciones de los políticos y las decisiones que han tomado, el papel de la ciencia, los científicos y la medicina, la administración de la información y el papel de los medios y redes sociales, las distintas actitudes personales con las que se ha encarado el fenómeno de la pandemia y sus consecuencias, etcétera. Demasiada dispersión entre el pánico y la negación cuando es necesario más solidaridad y generosidad, que también la ha habido.

No sé qué ocurrirá cuando esta pandemia este controlada, pero tal y como se ha encajado esta gran crisis mundial no me hace esperar nada nuevo bajo el sol. Nada cambiará sino cambiamos cada uno de nosotros. Nada podemos esperar del sistema capitalista en el que vivimos, y muy poco me temo que de los políticos. Hemos de asumir que el sistema se sostiene porque, más directa, o más indirectamente, nosotros lo sostenemos. Dice el filósofo alemán Peter Sloterdijk «muchos esperan con ansias la vuelta a la "normalidad", es decir, a sus preocupaciones primarias, a la cotidiana frivolidad del modo de vida consumista. Pero creo que esta crisis llevará con el tiempo a una transformación de la conciencia colectiva dentro del individualismo.» Esperemos que esto sea así, esperemos que esta crisis pandémica sea capaz de generar esta transformación. Formo parte, por mi formación y profesión, de aquellos que creen que no habrá transformación si no hay una mayor expansión de la consciencia individual que vaya apareada de una mayor solidaridad y generosidad. Sin embargo, creo que mientras tanto sería interesante aplicar un «como si», un como si fuéramos más solidarios y generosos, pues a veces temo que no sé si la consciencia llegará a tiempo y, entonces, sólo aprenderemos a base de catástrofes, y la climática ya está aquí al lado.

Barcelona, 18 de Enero del 2021

X

REFLEXIONES SOBRE LA PANDEMIA DEL COVID 19.

El estallido de la crisis del coronavirus SARS-COV-2 (covid 19), ha significado para mi generación la primera gran crisis mundial (junto con la crisis económica desatada el 2007) con unas consecuencias sanitarias, económicas y psíquicas cuya dimensión aun hoy, en el momento en el que escribo estas palabras, se hacen difíciles de prever. Mi generación es la primera que no ha vivido ninguna gran guerra, que vivió el fin de la lacra franquista con una transición que, presentada como modélica, con el tiempo ha ido descubriendo las sombras que ocultaba. Sin embargo, esta crisis, por su naturaleza y características, nos permite reflexionar sobre distintos aspectos que afectan a la humanidad y que hablan de ella, y de la que es, sin duda, la especie viviente más compleja y peligrosa para el planeta. Mi objetivo en este pequeño libro es reflexionar sobre estos aspectos.

1. La fuerza domesticadora de lo pequeño.

Este es el tema del hexagrama número 9 del I Ching. «*El signo representa lo pequeño, la fuerza de lo sombrío, que retiene, amansa, refrena*». En ese sentido, no deja de ser paradójico que esta crisis que nos afecta tenga como responsable a lo más pequeño, que lo más pequeño ponga en jaque a lo más grande. Que el ser vivo más simple, si es que se le puede llamar ser vivo, haya puesto en crisis al ser humano, cuyo desarrollo científico y tecnológico ha alcanzado las cotas que hoy en día todos conocemos. El virus (del griego ιός «toxina» o «veneno») es la estructura viva más simple, compuesta por una cápsula proteínica que contiene unos cuantos genes (las unidades de información de la herencia genética) que están formados por alguno de los dos ácidos nucleicos conocidos como RNA (Ácido ribonucleico) o DNA (Ácido desoxirribonucleico), y cuya estructura constituye la base del código genético. Sin embargo, ese agente sub-microscópico (sólo visible a través de los microscopios electrónicos) es uno de los más poderosos parásitos, o como se dice en biología, un parásito obligado, puesto que para reproducirse necesita forzosamente infectar a huéspedes para utilizar su material celular para reproducirse, es decir, para crear nuevos virus, produciendo finalmente la lisis de la célula parasitada para liberar a los virus reproducidos en su interior.

Dadas las características que acabamos de definir, no deja de ser significativo que la fuerza domesticadora de los pequeño constituya un espejo de la fuerza domesticadora de lo grande, correspondiente a otro hexagrama del I Ching. Es decir, que el virus no es más que un parásito espejo del parásito en el que nos hemos convertido los seres humanos para nuestro mundo. Existe una forma de hablar en relación a la acción del hombre sobre la Tierra, del que la catástrofe climática es el ejemplo más representativo, como si el primero pudiera destruir a la segunda, como si de una competición por la dominación se tratara. Falso. La Tierra no se destruirá, o por lo menos no será el hombre quien la destruya. Cierto que destruimos hábitats y ecosistemas y sus entornos naturales y especies vivas, pero la destrucción va unida inevitablemente a la creación. La Tierra es un gran sistema de autorregulación que, más allá de las destrucciones parciales que sufra, finalmente se autorregulara, y es esta autorregulación la que probablemente se salde con un golpe de medidas incalculables sobre la humanidad. La actual pandemia que sufrimos es lo que podríamos considerar como un aviso. De la misma manera que nuestra acción irresponsable, correspondiente a una acción propia del narcisismo del ser humano, pretende actuar como amo y señor del planeta que nos acoge, el virus nos acaba de lanzar una clara advertencia de que vivimos en una clara ilusión. No lo dudemos, si disputamos con la Tierra quien domina a quien, habrá un claro perdedor: la humanidad.

No ha dejado de sorprender, por lo menos en nuestro peculiar Estado español, las que fueron las primeras comparecencias de Pedro Sánchez, así como las del ministro de sanidad Salvador Illa, junto al director del Centro de Coordinación de Alertas y Emergencias Sanitarias del Ministerio de Sanidad, Fernando Simón, acompañados de mandos del operativo de la guardia civil y la policía nacional, utilizando un claro lenguaje belicista para hablar de la lucha contra el covid-19. Este tipo de puestas en escena, así como el lenguaje utilizado en cuestión, dicen mucho de cómo el ser humano se plantea ciertas cuestiones. Como comprenderemos, el sub-microscópico virus no guerrea, simplemente se reproduce en lo que es una sencilla cuestión de supervivencia. Sin embargo, y a diferencia del parasitismo del virus, el parasitismo humano no es sólo un parasitismo de supervivencia, sino que es un parasitismo que también se levanta sobre una clara voluntad de dominación, en la que no sólo desea imponerse a su entorno, sino también a los propios seres humanos. Y eso nos abre otra aproximación, la posibilidad de contemplar al virus como la Otredad que nos habita como especie. Aquello que no queriendo ser también somos, la sombra que nos habita, por decirlo en palabras de C. G. Jung.

Eso hace del ser humano una especie sobremanera peligrosa, que le convierte en una inteligencia fría, pulsional, al servicio de la voluntad de dominación, de la codicia, a la que no afectan ni la conciencia, ni los remordimientos ni las fantasías de moralidad. Schopenhauer lo definía con la expresión latina *Homo hominis lupus (El hombre es el lobo para el hombre)*, y así, colocándonos en la cúpula de las cadenas tróficas, nos dice: *«hasta que al final el género humano, al imponerse sobre todos los demás, considera la naturaleza como un producto para su propio uso; si bien […] ese género revela en sí mismo con la más atroz claridad aquella lucha, aquella autoescisión de la voluntad, y se produce el homo homini lupus».* Y esa escisión de la que habla Schopenhauer es esa bestia que acecha desde los sótanos de la psique, o desde la implacable superficie del narcisismo patológico, que no requiere de psicópatas en el clásico sentido de asesinos en serie. Porque... ¿no actúan acaso como tales, los mercados, los intereses de las corporaciones multinacionales y los grandes bancos arropados por los gobiernos y los políticos, la ambición política y también la corrupción que la envuelve, la existencia de organizaciones xenófobas o fascistas, organizaciones criminales y terroristas, fundamentalismos de todo tipo? Sin olvidar la banalidad del mal que describió Hannah Arendt a partir de su análisis del juicio de Adolf Eichman, la crueldad y la violencia gratuitas que se han registrado en las guerras, etcétera, etcétera.

2. La sombra del sistema.

El covid-19 ha puesto de manifiesto las graves grietas de un sistema como el capitalista. Un virus nos ha mostrado los pies de barro de un sistema que pretende proponerse como definitivo. El mundo con sus 96 millones de infectados y 2,06 millones de fallecidos, encabezando la lista USA con 24,3 millones de infectados y 400 mil fallecidos, o Europa y sus casi 28 millones de infectados y 630 mil muertes, han puesto de relieve las deficiencias de los sistemas sanitarios de los que se supone los países más desarrollados. Está claro que las reducciones de presupuesto en este sector, especialmente durante la crisis económica del 2008, así como la privatización de servicios o del sistema en su integridad, se han mostrado claramente insuficientes, cuando no caóticos, para controlar la pandemia, como vimos con claridad durante los meses de marzo y abril, o como se sigue demostrando actualmente, aunque quizá en menor grado, al estar algo mejor preparados y equipados para afrontar la segunda y tercera ola.

Personajes como Donald Trump, Boris Jhonson, Vladimir Putin o Jair Bolsonaro se erigen en este momento como la cara desagradable del capitalismo, pero que no por desagradable deja de ser menos cierta. Ellos son los mejores representantes de lo que subyace bajo la ideología del capital, y que de forma repugnante, nauseabunda, expresaba el dirigente brasileño con estas palabras que han dado la vuelta al mundo: *«ahora todo es pandemia, hay que acabar con eso. Lamento los muertos, lamento. Todos nos vamos a morir un día, aquí todos van a morir. No sirve de nada huir de eso, huir de la realidad. Tienen que dejar de ser un país de maricas. Tenemos que enfrentar de pecho abierto, luchar».*

Tan patético como Bolsonaro, oímos decir a Donald Trump, al salir del centro hospitalario militar donde estuvo ingresado por el covid-19 unas palabras carentes del más mínimo sentido empático: *«No le tengas miedo al Covid. No dejes que domine tu vida»*. Brutal, ni más ni menos que brutal. El cinismo de todos estos personajes, todos ellos afectados de covid, y tratados con una atención médica a los que la inmensa mayoría de sus compatriotas no tienen acceso, es un ejercicio de verdadero narcisismo patológico que, no obstante su exceso, es el exceso que, sin esa dimensión caricaturesca, encontramos en el funcionamiento del capital y los mercados. Es tanta la desfachatez de estos individuos que debería hacernos reflexionar no tanto sobre ellos, sino acerca de la problemática más tremenda sobre la que se levantan: ¿Cómo pueden ganar unas elecciones? ¿Cómo hay tantos individuos dispuestos a votarles?

En un país como España, el covid-19 ha puesto, aun con mayor énfasis, la miseria humana de nuestros políticos, que fagocitados por los intereses de partido y del Ibex 35, se han enzarzado en una guerra de descalificaciones en la que la gestión del covid-19 se ha tornado una arma arrojadiza. Cuanto más falta hacía que se hubieran unido, cuanto más falta hacía que hubieran sido un ejemplo, más se han comportado como auténticos depredadores. Uno ya no se sorprende de las barbaridades a las que nos tiene acostumbrados VOX, verdaderos discípulos de las cuatro perlas antes citadas: Trump, Jhonson, Bolsonaro y Putin. Pero si sorprende ver el resto de partidos, especialmente el PP y Ciudadanos, así como políticos autonómicos de distinta procedencia, intentando no desaprovechar ninguna oportunidad para hacer política oportunista impensable en una situación de crisis. No he visto esta desunión, esta vileza política en el resto de países del centro, o del norte de Europa, donde los partidos democráticos (excluyo de estos a la extrema derecha) han cerrado filas en torno al abordaje de la crisis de la pandemia. Una vergüenza que habla de como es la política española.

Esta crisis actual ha permitido observar el fracaso de la economía liberal, y el craso error de perspectiva del que fue su filósofo fundador, Adam Smith, quien creía, se diría que de una manera naif, que si al hombre se lo deja en libertad, no solo conseguirá su propio beneficio sino que también impulsará el bien común. Un buenismo económico al estilo del buenismo Rousseauniano que el tiempo ha desmentido con rotundidad. De hecho, la concepción de Smith, a la luz de los hechos, se podría reformular como que si al hombre se lo deja en libertad, conseguirá su propio beneficio a costa del bien común.

El verdadero rostro del capitalismo lo dejó claro el vicegobernador de Texas, el republicano Dan Patrick, quien propuso como solución al covid-19 sencillamente dejar morir a la gente mayor:

> «Si alguien me propusiera que si como persona mayor estaría dispuesto a no sobrevivir a cambio de mantener la América que queremos para nuestros hijos y nietos, si este fuera el intercambio, estaría totalmente dispuesto [...] habría muchas personas mayores que se decantarían por esta opción [...] Volvamos al trabajo y volvamos a vivir».

Resumen de su propuesta: que los mayores mueran para salvar el dólar. La barbarie con rostro humano.

Como en la película matrix, para el capital no somos más que lo que son nuestras células para un virus, somos material explotable, un consumible que una vez explotado es sencillamente material desechable.

3. La Navaja de Ockham, negación y conspiración.

La Navaja de Ockham es un principio metodológico y filosófico que es atribuido al fraile franciscano Guillermo de Ockham y que nos dice que «en igualdad de condiciones la explicación más sencilla suele ser la más probable». El sentido de esta afirmación se basa fundamentalmente en la expresión «en igualdad de condiciones», es decir, que el sentido de la afirmación que propone este principio es que en condiciones idénticas, sean preferidas las teorías más simples. Otra cuestión son las evidencias que apoyen la teoría. Por tanto, y de acuerdo con este principio, una teoría más simple pero de menor evidencia no debe ser preferida a una teoría más compleja pero con mayor prueba.

¿Por qué hablo de la navaja de Ockham en estas páginas? Es evidente que la pandemia producida por la covid-19 ha producido todo tipo de teorías frente a la posición científica, que podemos agrupar en dos bloques que presentan, a su vez, intersecciones, y que llamaremos a una la posición negacionista, y a la otra la posición conspirativa. Posiciones que van desde la negación de la existencia del virus, a negar o infravalorar su gravedad, a posiciones que ven un complot de China, un virus surgido de los laboratorios militares de este país, así como también de otros países, o un complot de Bill Gates que apoya el surgimiento del Covid-19 con la tecnología 5G, o que somos los conejillos de indias de un gran laboratorio de control social por parte de los gobiernos.

Desde el punto de vista de la navaja de Ockham, es evidente que, en igualdad de condiciones, muchas de estas teorías, siendo más o menos complejas, o carecen de fundamentos sólidos o sencillamente no se pueden demostrar, o se sostienen a partir de opiniones muy particulares, muchas de ellas sin ningún tipo de demostración y no contrastadas, o también en sospechas basadas fundamentalmente en prejuicios de diversa índole.

Vamos seguidamente a abordar dos de los temas sobre las que se han vertido todo tipo de opiniones: la existencia del virus y la gravedad de la enfermedad. Dos temas sobre los que se ha fundamentado otra crítica, pues sobre ellas se ha basado toda una toma de decisiones cuestionadas por sus implicaciones económicas, sociales y psíquicas.

4. El virus covid 19 existe, es real.

Basta observar las fotos del virus realizadas con los microscopios electrónicos para no dudar de su existencia. De la misma manera que llevamos años y más años creyendo en el virus de la gripe, al cual ya nos hemos acostumbrado en su visita estacional (y pongo énfasis en la estacionalidad puesto que el covid 19 no lo es), o al virus del ebola, sobretodo porque lo contemplamos de lejos mientras, de tanto en tanto, asola algún país del continente africano, o de la misma manera que no dudamos de la gastroenteritis viral o gripe viral. ¿A qué tanto revuelo, pues, con el covid 19?

Para ello hemos de reflexionar partiendo de que el virus ha alcanzado la proporción de una pandemia, es decir, nos ha afectado de manera espectacular y generalizada a todos. Si el covid 19 se hubiera manifestado, afectado y acabado en China, el virus no hubiera suscitado ningún revuelo. Ahora bien, al ser su afectación mundial, y poner de relieve las dificultades para controlar el virus, así como las medidas que se han tenido que tomar para intentar controlar la emergencia sanitaria, las interpretaciones del hecho han aparecido en toda una variada gama de narraciones. Veamos algunas de ellas:

- Al ser el virus de origen Chino eso ya dio que pensar en su origen proveniente de un laboratorio militar de alta seguridad en Wuhan, del nivel BSL4, el más alto de seguridad, desde el cual se habría propagado para desestabilizar el mundo, hipótesis avalada por algunos líderes mundiales, con Donald Trump a la cabeza, y que aquí en España contó con el apoyo, como no, de VOX, quien en boca de su diputado Javier Ortega Smith, infectado en su momento por el virus, dijo desde su cuenta de Twitter la siguiente ocurrencia:

> «Queridos compatriotas, tras vuestras preguntas, debo compartir mi día a día desde casa. Intento mantenerme en buena forma física y mental, recargando fuerzas, mis "anticuerpos españoles" luchan contra los malditos virus chinos, hasta derrotarlos»

Más allá de que diversos estudios que desmienten esta posibilidad, que ganó peso cuando algunos científicos, entre ellos el premio Nobel Luc Montagnier, afirmaron que el virus era el resultado de un diseño realizado por expertos biólogos moleculares[1], esto no evitaría tener que enfrentar los problemas creados por la pandemia.

Sin embargo, y recurriendo a la Navaja de Ockham, la explicación más sencilla es la que se impone, y ésta, como dice Raúl Rabadán, profesor asociado de la Universidad de Columbia, el origen de este nuevo virus tiene que ver con las mutaciones y la recombinación genética y, como concluye Rafael Briones, investigador del CSIC, el covid 19 no es más que el resultado del potencial evolutivo para crear diversidad.[2]

No obstante, no dejan de sorprender algunas opiniones de filósofos a los que particularmente admiro, como es el caso del italiano Giorgio Agamben, quien en su libro «La epidemia como política» se permite decir cosas que, obviamente son discutibles, y que discutiremos, pero dice otras que simplemente no son, y que me parecen producto de un serio desconocimiento así como poco respetuosas, como la afirmación falsa y sin sentido de que «los virólogos admiten no saber exactamente qué es un virus, pero en su nombre pretenden decidir como deben vivir las personas.»[3] Eso no se puede decir, simplemente porque eso no es así. Desde hace muchos años se sabe lo que es un virus, como se sabe lo que es una bacteria, o como se sabe lo que es un protozoo. Otra cosa bien distinta es saber como afrontar los síntomas que causa un virus patógeno desconocido como lo era al principio el covid 19 en una situación que puso al descubierto el déficit del sistema sanitario producto de los recortes presupuestarios que se arrastran desde la crisis del 2008.

- Otro aspecto que no deja de sorprender es la negación de la existencia del virus y que, en consecuencia, todo el tema de la pandemia oculta otros factores que son los reales causantes de la crisis y que implican unos fines interesados u oscuros. Generalmente, el negacionismo del Covid 19 va asociado a ideas conspirativas como la que protagonizó el cantante Miguel Bosé, quien afirmaba que el virus no existía y que era una excusa para que Bill Gates controlara la población mediante una vacuna: «Nos quieren matar!!!» publicaba en twitter. Otras teorías proponían que la pandemia era una excusa para que los gobiernos experimentaran nuevos medios para controlar la población, o que tras el virus se ocultaban otros medios que eran los reales causantes de las muertes, como me explicaba un día un taxista, quien me decía absolutamente convencido, que lo que estaba ocurriendo era el resultado de un producto que emiten los aviones mientras vuelan, que lo había visto en un video de Youtube.

Quisiera observar que la negación es un mecanismo de defensa psicológico por el cual un individuo se enfrenta a los conflictos negando su existencia, es decir, negando aquellas situaciones externas o internas que le implican una situación emocionalmente dolorosa. En el caso que aquí observamos el negacionismo se apoya en la supuesta validez de una realidad alternativa a la que se considera la «versión oficial». Me gustaría destacar que tras estas supuestas realidades alternativas lo que parece querer evitarse es la existencia de la Naturaleza como fuente de acontecimientos trágicos para el ser humano. No podemos negar los efectos de un terremoto, no podemos negar los efectos de una erupción volcánica o un huracán. ¿Por qué entonces negar la existencia de un virus y sus efectos que se ha extendido como una pandemia como un acontecimiento más que tiene su origen en la Naturaleza? En primer lugar un terremoto, una erupción volcánica o un huracán son fenómenos naturales geo-localizados que una gran parte de la humanidad observa y no sufre. Al contrario, una pandemia es un fenómeno extensivamente localizado que afecta y sufre, en distintos grados de intensidad, una gran parte de la humanidad. En segundo lugar, y en términos psicológicos, podemos decir que los efectos de los fenómenos naturales citados son un trauma intenso y de corta duración, mientras que la pandemia es un trauma de más baja intensidad pero de larga duración y, en consecuencia, las medidas a tomar son también extendidas en el tiempo y son medidas que, por otro lado, suman efectos suplementarios (económicos, emocionales y psíquicos, culturales, etcétera) a los efectos patógenos del agente causante de la pandemia.

Es en ese aspecto que el ser humano soporta mal las relaciones causa-efecto que parecen no tener un sentido, o por lo menos un sentido a su medida, o que no están más o menos establecidas por ser, en cierta manera, habituales. Cada año tenemos algún terremoto, algún volcán en erupción y huracanes, pero una pandemia es algo muy distinto que se da muy de tanto en tanto. Para establecer una adecuada comparación con la actual pandemia del covid 19 tendríamos que retroceder hasta la pandemia de influenza de 1918, conocida como «la gripe española» que infecto a 500 millones de personas (un tercio de la humanidad) y provocó 50 millones de fallecidos.

Las ideas conspirativas, en el fondo, pretenden ofrecer un sentido a aquello que no lo tiene, o que no lo tiene en el sentido en que los humanos necesitamos tenerlo. Pretenden hallar un culpable que explique porqué esta sucediendo lo que acontece. En realidad nos ofrecen un «enemigo humano» que haga comprensible la magnitud de los hechos que suceden. Parece difícil sostener que un virus proveniente de la Naturaleza pueda provocar tal perturbación en el ritmo cotidiano de la vida.

Para comprender los distintos efectos de la pandemia del covid, y volviéndonos a referir a la idea del trauma, podemos decir que ofrece unas características traumáticas justas y adecuadas para que el ser humano se resienta de una manera globalizada y clara, a diferencia, como ya hemos visto, de los efectos traumáticos intensos, cortos y geo-localizados de las catástrofes naturales citadas o, y eso es más interesante, del trauma que es la catástrofe climática que, todo y siendo potencialmente mucho más peligrosa, el ritmo lento con el que se anuncia, los efectos geo-localizados con los que se manifiesta, no generan, no obstante, ningún cambio aparente en nuestro ritmo de vida. Como decía Naomí Klein de la negación y el negacionismo de la catástrofe climática en su libro «Esto lo cambia todo»:

Convivir con esta especie de disonancia cognitiva es simplemente una parte más del hecho de que nos haya tocado vivir este discordante momento de la historia, en el que una crisis que tanto nos hemos esforzado por ignorar nos está golpeando en plena cara y, aun así, optamos por doblar nuestra apuesta precisamente por aquellas cosas que son la causa misma de la crisis.

Yo misma negué el cambio climático durante más tiempo del que me gustaría admitir. Sabía que estaba pasando, claro. No iba por ahí defendiendo como Donald Trump y los miembros del Tea Party que la sola continuación de la existencia del invierno es prueba suficiente de que la teoría es una patraña. Pero no tenía más que una idea muy aproximada y poco detallada, y apenas leía en diagonal la mayoría de las noticias al respecto, sobre todo, las que más miedo daban. Me decía a mí misma que los argumentos científicos eran demasiado complejos y que los ecologistas ya se estaban encargando de todo. Y continuaba comportándome como si no hubiera nada malo...[4]

La pandemia del covid 19 nos obliga a convivir de manera permanente con ella y a sostener sus distintos tipos de efectos, tanto directos como indirectos, esa es la gran diferencia, y por eso, como decíamos, las ideas conspirativas son una manera de darles un sentido humano buscando un culpable reconocible, cosa para la que el virus no sirve. En este sentido participo de las palabras de Slavoj Zizek cuando dice:

> Lo que realmente cuesta aceptar es que la epidemia que estamos viviendo es el resultado de un azar natural en el sentido más puro, que simplemente ha sucedido y que no esconde ningún significado profundo. En el orden general de las cosas, somos una especie sin ninguna importancia en especial.[5]

5. ¿Es grave la enfermedad causada por el covid 19?

Quizá este ha sido uno de los argumentos más utilizados para relativizar la importancia de la pandemia. No se ha cuestionado tanto la existencia del virus como la gravedad de sus efectos patológicos, y que no pasaba de ser una especie de gripe, lo que ha permitido reflexionar sobre qué motivaciones pueden haber en relación a las medidas restrictivas de los derechos civiles que se han tomado. También se ha sospechado sobre la fiabilidad de los datos estadísticos que se han dado, suponiendo su manipulación a efectos de acrecentar una profunda sensación de pánico que justificara aun más la aplicación de dichas medidas. Por otro lado, debemos también relacionar las medidas tomadas en relación, no tanto a la gravedad de la enfermedad sobre el individuo concreto, sino a la crisis sanitaria que ha comportado. Pero vayamos por partes.

5.1. Sobre la gravedad de la enfermedad. Cuando hablamos de la gravedad de la enfermedad lo podemos entender en dos sentidos, la gravedad que tiene para el afectado y la extensión de esta gravedad en la población. Es decir, todos sabemos que el covid 19 tiene un gran número de asintomáticos, otro número importante que transcurre con síntomas relativamente leves, mientras que otro grupo transcurre con diferentes niveles de gravedad hasta llegar a la muerte, siendo evidente que los pacientes afectados de problemas cardíacos, pulmonares, inmunodeprimidos o con ciertas patologías pre-existentes son los que más riesgo corren, riesgo que aumenta con la edad, especialmente de los 65 años en adelante. Por ejemplo, en España el 75% de fallecidos por covid hombres lo son a partir de los 80 años (el 90% a partir de los 70 años), o el 54% en mujeres (el 83% a partir de los 70).

A día de hoy, los estudios comparativos entre covid 19 y gripe muestran que la gravedad del primero, entendida en términos de mortalidad, es tres veces mayor que la gripe estacional, de la misma manera que su impacto en el sistema sanitario es mucho mayor. En un estudio publicado por la revista «The lancet respiratory medicine», una publicación mensual de la prestigiosa revista médica, sobre 130.000 pacientes hospitalizados en Francia, se compararon los 89.530 pacientes afectados de covid 19 en el período comprendido entre el 1 de Marzo y el 30 de Abril del 2020 con los 45.819 pacientes afectados de gripe entre el 1 de diciembre de 2018 y el 28 de febrero de 2019, y concluyeron lo siguiente:

- que hubo el doble de personas ingresadas por covid 19 en el pico de la pandemia que las ingresadas por gripe en el pico de la temporada de ésta.

- Que la duración media de la estancia en las UCI de los pacientes afectados de covid 19 fue de 15,1 días, el doble que los afectados por la gripe estacional, que fue de 8 días.

- Que la tasa de mortalidad entre los pacientes de covid fue casi tres veces superior a los de la gripe.

« En conclusión, existen diferencias significativas entre los pacientes con COVID-19 e influenza estacional que requieren hospitalización. El SARS-CoV-2 parece tener un mayor potencial de patogenicidad respiratoria, dando lugar a más complicaciones respiratorias en pacientes con menos comorbilidades, y se asocia con un mayor riesgo de mortalidad, especialmente en adolescentes, aunque cualquier conclusión para este grupo de edad debe ser tratados con precaución considerando el pequeño número de muertes. Estos hallazgos se confirmaron incluso después de considerar las limitaciones relacionadas con la afluencia repentina de pacientes durante la epidemia.»[6]

Aun suponiendo que una parte de la mortalidad del covid 19 fuera mayor no sólo por la gravedad de los síntomas, sino también por las deficiencias debidas a la sobrecarga del sistema sanitario, la gravedad en cuestión seguiría siendo mayor. No obstante, actualmente «la tasa de letalidad» de la gripe esta en el 1,1%, mientras que la del covid está en el 3,4% (datos del «Centro Nacional de epidemiología Carlos III»). Por lo tanto, sí podemos concluir que la gravedad de los síntomas producidos por el covid 19 son mayores que los de la gripe estacional.

De hecho, mientras escribo estas líneas, los datos dados por el Momo (Monitorización de la mortalidad diaria) del Instituto Carlos III confirma que el número de fallecidos en el 2020 ha sido claramente mayor debido al efecto de la pandemia. En el total del estado español se registran 70.730 defunciones más que en el 2019, mientras que en Catalunya han sido de 15.476, observándose claramente que este incremento se concentra en el período que va del 13 de marzo al 18 de mayo y al período que va entre el 6 de octubre y 19 de diciembre.

5.2. Sobre la gravedad de la incidencia poblacional. En segundo lugar está el tema de la incidencia en la población del covid 19 que, también según los datos existentes, tiene

un «ritmo de reproducción» (o capacidad de contagio) –
la Rt o R0 como se la representa – mayor que la gripe
estacional y, característica diferencial importante, que
justamente el covid 19 no es estacional. Los estudios
realizados hasta ahora establecen que la Rt o R0 del Covid
19 es casi el doble que el de la gripe (2,5 vs. 1,3). Es decir,
que un contagiado de covid puede contagiar a 2,5
individuos más, mientras que un contagiado de la gripe
contagia a 1,3 individuos más.

Al ritmo de reproducción (R0 o Rt), hay que añadir otro
indicador importante que es el «índice de crecimiento
potencial», también llamado «riesgo de rebrote», que es el
cálculo que recoge el riesgo de difusión del virus, y que se
expresa de la siguiente manera:

RIESGO DE REBROTE = INCIDENCIA x R0 (o Rt)

La incidencia se mide como la cantidad de infectados por
cada 100.000 habitantes. En el caso del Covid 19, este
cálculo hay que referirlo a su período de incubación que
es de 14 días. Eso significa que si tenemos una incidencia
de 500 infectados por cada 100.000 habitantes y un ritmo
de reproducción o índice de rebrote de 1,2 calculado como
el promedio del R0 o Rt de los últimos 14 días, el riesgo de
difusión del virus en los próximos 14 días sería de 600
casos (500 x1,2), es decir, que en los próximos 14 días
habría 600 nuevos infectados por cada 100.000 habitantes.
De eso deducimos que una R0 o Rt de 1 indicaría que la
incidencia tendería a estabilizarse (es decir, que a 14 días
vista se mantendría la difusión en 500 infectados),
mientras que una R0 o Rt inferior a 1 indicaría que la
incidencia poblacional tendería a bajar. Por ejemplo, un

R0 o Rt de 0,5 bajaría la incidencia del riesgo de rebrote de 500 a 250 infectados.

He explicado estos indicadores porque son los que nos permiten comprender que, más allá de la gravedad de la enfermedad como tal, uno de los aspectos más complejos que nos crea esta pandemia es el riesgo de saturación o de colapso del sistema sanitario, con las implicaciones que esto conlleva. Sé que se me puede objetar que muchos de esos casos son asintomáticos, leves o relativamente leves, pero no hemos de olvidar que la capacidad de atención hospitalaria y la capacidad de atención en las ucis es limitada, así como el efecto en el personal sanitario y el stress al que está sometido, y que a partir de un cierto nivel de saturación conlleva implicaciones de distinta índole, entre las cuales estarían los aumentos de fallecimientos por otros causas debido a que, en dicha situación de saturación, no se podrían afrontar otras enfermedades tratables. Es decir, que al número de fallecimientos por covid, habría que añadir, como consecuencia colateral, el número de fallecimientos por enfermedades tratables por la imposibilidad de poderles dar atención.

6. ¿Y qué decir de las medidas restrictivas aplicadas?

El tema de las medidas aplicadas para controlar la pandemia ha sido uno de los más discutidos por sus repercusiones en los derechos civiles de los ciudadanos y las repercusiones económicas, emocionales y psíquicas que han implicado e implican siendo, por tanto, objeto de reflexiones de todo tipo.

Las restricciones aplicadas, en los distintos niveles de intensidad en que lo han sido, se reducen a dos: restricción de la movilidad y distanciamiento social. Esto ha llevado a tomar decisiones como el estado de alarma que decretó el confinamiento domiciliario que estuvo activo durante los meses de marzo a Abril del 2020, o las posteriores restricciones de movilidad que han afectado los desplazamientos entre comarcas y municipios, o las medidas que han afectado especialmente los sectores de la hostelería, restauración, bares , al comercio y al sector de la cultura (cines, teatros, música), ya con su cierre total, o mediante la restricción de sus capacidades de atención (funcionando al 30% o 50% de su capacidad), o con restricciones horarias, siendo la más destacable entre estas el «toque de queda» que afecta a la movilidad y desplazamientos nocturnos. Finalmente tenemos las normas de distanciamiento social que ha revertido en la evitación de contacto social: evitación del contacto físico con mantenimiento de la distancia de seguridad (que ha oscilado de los dos a los cinco metros). Limitación de las reuniones sociales a un número máximo de participantes (seis, ocho, diez personas) con un máximo de interacción entre dos burbujas sociales (grupos formados por personas que mantienen un vínculo muy cercano), como se recomendó para las pasadas fiestas de navidad, noche vieja y reyes, respetando toda una serie de normas de seguridad (higiene de manos, distancia de seguridad, ventilación).

Sobre dichas medidas podemos destacar que han recaído tres tipos de reflexiones. La primera de ellas tiene que ver con los criterios con las que se han aplicado; la segunda en como se han intentado paliar los efectos que su aplicación ha causado; y la tercera tendría que ver sobre si la aplicación de estas medidas fundamenta o prepara un tipo de control de estado sobre la población en lo que sería un inicio de una verdadera restricción de los fundamentos de la democracia y de los derechos civiles de los ciudadanos.

6.1. Sobre el papel de la ciencia en la crisis.

La primera de ellas ha puesto de relieve a la ciencia, los investigadores y la medicina en un lugar de protagonismo sociopolítico nada habitual en las circunstancias cotidianas. Nunca como en esta crisis hemos visto la apelación por parte de los políticos a la ciencia, a los expertos científicos e investigadores, a los criterios médicos para recomendar y justificar las medidas que se han propuesto y utilizado. Nunca habíamos visto tantos epidemiólogos, virólogos, médicos, responsables de los servicios de medicina preventiva y epidemiología, de enfermedades infecciosas, expertos en biocomputación y tratamiento de los datos epidemiológicos, etcétera, en los medios de comunicación. Con todo ha habido las excepciones protagonizadas por dirigentes como Donald Trump o Jair Bolsonaro, que han pasado de un inicial negación o relativización de la importancia de la pandemia, a una justificación de su política en nombre de la economía.

Como es habitual, podemos observar aquí el papel de la política en función de las circunstancias. Si apelamos de nuevo a la clasificación del nivel de trauma según la catástrofe natural, el papel de los científicos varía para los políticos. En el caso de las catástrofes naturales intensas y de corto impacto, la ciencia se limita a las tareas de control y estudio y, en la medida de lo posible, y en base a ellas, de previsión, así como a su habitual atención médica de los afectados. En el caso que vemos de la pandemia (trauma de alta intensidad, pero extensivo en el espacio y el tiempo), la ciencia adquiere el nivel de referencia, el experto y el científico adquieren un papel relevante y determinante para proponer las acciones para controlar la pandemia. Finalmente, en el caso de la catástrofe climática (trauma de más baja intensidad pero de un potencial gran impacto general que, de momento, se manifiesta como efectos geolocalizados de distintos grados de intensidad), el científico es menos escuchado, cuando no relativizado o ignorado, o incluso banalizado por la dimensión de agorero apocalíptico que adquiere para los políticos. En ese caso la ignorancia del político y el narcisismo patológico de los mercados adquiere, en ocasiones, dimensiones grotescas. Pongamos un ejemplo reciente. En plena expansión de la tercera ola del covid 19 (enero 2021), el peculiar presidente de la autonomía de Aragón, Javier Lambán, el mismo que avala las medidas restrictivas que propone, avalan o recomiendan los científicos para el covid 19, se fundamenta en las nevadas y bajas temperaturas de las primeras semanas del nuevo año para afirmar en su cuenta de twitter que:

«no parece que el cambio climático vaya a suponer necesariamente la desaparición de la nieve»

Cómo ocurre con todas las crisis, creo que hay que ir con cuidado con los análisis rápidos. Leía a Giorgio Agamben elevar la ciencia al status de tercera «religión» junto al cristianismo y el capitalismo, diciendo lo siguiente:

La novedad es que entre la ciencia y las otras dos religiones se ha reavivado, sin que lo hayamos advertido, un conflicto subterráneo e implacable, en el cual la ciencia ha salido hoy victoriosa a la vista de todos, lo que determina de manera inaudita todos los aspectos de nuestra existencia.[7] (escrito el 2 de Mayo del 2020)

Creo que Agamben, aun bajo los efectos de la declaración del estado de alarma de la primera ola en Italia, y de ese visitante inesperado llamado virus, queda consternado por esa también inesperada «invasión» de la ciencia, y más concretamente de la medicina, y así, bajo el efecto de esta consternación, nos sigue diciendo en el lenguaje litúrgico de una religión:

Si esta práctica cultual hasta ahora era, como toda liturgia, episódica y limitada en el tiempo, el fenómeno inesperado al que estamos asistiendo es que esta se ha convertido en permanente y omnipresente. Ya no se trata de tomar un medicamento ni, cuando es necesario, de someterse a una visita médica o a una intervención quirúrgica: la vida entera de los seres humanos debe convertirse en todo momento en el lugar de una celebración cultual ininterrumpida. El enemigo, el virus, siempre está presente y debe ser combatido incesantemente y sin tregua posible.[8]

Leyendo al filósofo italiano, y como veremos en otros puntos de esta reflexión, me pregunto qué hubiera hecho él, pues en las 113 páginas de su librito no hay una sola propuesta de cómo se hubiera tenido que afrontar la pandemia, pues finalmente el virus es real, los fallecidos son reales y la crisis del sistema sanitario es real. En sus páginas tan sólo leo críticas, algunas, a mi modesto parecer, relativamente más acertadas que otras, otras a tener en cuenta para el futuro que nos viene, y otras francamente muy discutibles. Es evidente que, como en toda actividad humana, la ciencia sufre de sus extremismos y fundamentalismos, así como de sus cotos privados y de sus egos excesivos (eso también lo hemos podido observar), pero de esto a suponer que la Ciencia es ahora la nueva religión imperante me parece que eso es mucho decir. Tengo que advertir que veo en su pensamiento una incomprensión de la situación de los científicos ante el problema generado por el covid 19 cuando dice:

Como el capitalismo, y a diferencia del cristianismo, la religión médica no ofrece perspectivas de salvación y redención. Al contrario, la curación a la que aspira no puede ser sino provisoria, desde el momento en que el dios malvado, el virus, no puede ser eliminado de una vez por todas, antes bien muta de continuo y adopta en cada ocasión formas más nuevas, a priori más peligrosas.

Es evidente que no puede ofrecer una «salvación» inmediata, pues ese es el problema del surgimiento de un nuevo virus. El surgimiento de una enfermedad viral siempre es, inicialmente, una incógnita que hay que ir conociendo. La virulencia con la que entró el virus y desbordó el sistema sanitario fue el elemento que obligó a tomar medidas tan extremas como las que se tomaron, pues la única manera de contener una situación como la que se desató entre los meses de febrero y abril del 2020 es la contención, pues no hay ni vacunas (este es otro tema del que hablaremos) ni tratamientos, como ocurre con muchas enfermedades virales. ¿Qué hacer entonces? Más allá de la evidencia de los datos desastrosos que nos muestran países que como USA o Brasil, o también Inglaterra – quien ha registrado ya la primera mutación del covid 19 que lo hace más contagioso -, y que inicialmente no tomaron medida alguna, el ejemplo europeo más claro es Suecia (un país de 10 millones de habitantes), quien inicialmente tampoco tomó medidas de contención, recomendando algunas normas básicas y apelando al sentido común de los ciudadanos, para tener que reconocer que, finalmente, se equivocó, y que, resultado de esa equivocación (que no cometieron ni Noruega ni Finlandia) se ha saldado, a fecha del 13 de Enero del 2021, con 512.203 casos y 9.834 fallecidos, con un riesgo de rebrote en los últimos 14 días de 724,21. En la misma fecha Noruega tiene un índice de rebrote de 154,11 y Finlandia de 62,93.

Agamben hace, no obstante, y parece que con el paso del tiempo de pandemia, un comentario en páginas posteriores que me parece más aquilatado e interesante cuando dice en relación a la medicina y la política:

Si mediante un pacto necesariamente ambiguo e indeterminado con los gobiernos, se situa en cambio como legisladora, entonces esto no sólo no conduce como se ha visto en Italia con la pandemia, a resultados no positivos en el plano de la salud, sino que puede conducir a limitaciones inaceptables de las libertades individuales, respecto de las cuales las razones médicas pueden ofrecer, como debería ser hoy evidente para todos, el pretexto ideal para un control sin precedentes de la vida social.[9]

Pero en esta consideración del filósofo me pregunto... ¿debe la medicina dejar de hacer sus recomendaciones de carácter preventivo, desde el punto de vista sanitario, por la utilización inadecuada que de ellas puedan hacer los gobiernos? No es la medicina la que legisla, la cuestión es qué utilización hacen los estados y sus gobiernos y los partidos de lo que son recomendaciones desde un punto de vista médico. Son los gobiernos y los parlamentos los que legislan, no la medicina o la ciencia.

Quizá uno de los problemas que han sucedido, y creo que más por la imagen que han dado los políticos – evidentemente para justificar las acciones que debían emprender -, que por la que han dado los científicos (más allá de algunos casos), es que estos estaban, como dirían los psicoanalistas, en posición de «sujeto de supuesto saber», cuando la realidad es que desde el inicio de esta pandemia, los científicos sabían muy poco, y que la única recomendación posible era la contención a través del confinamiento. Slavoj Zizek, en su libro sobre la pandemia, cita unas declaraciones de Gabriel Leung, uno de los mayores expertos en coronavirus y responsable del departamento de medicina de salud pública de la Universidad de Hong Kong, para el periódico The Guardian, en la que éste decía, en el mes de febrero del 2020:

«Si no se controla, la epidemia del coronavirus podría afectar a las dos terceras partes de la población mundial [...] Sería necesario que la gente tuviera fe y confianza en el gobierno, mientras la comunidad científica trabajaba para resolver las incógnitas de este nuevo brote [...] y evidentemente, cuando tienes las redes sociales y su mezcla de noticias falsas y ciertas, y además una confianza nula ¿cómo te lo haces para combatir la epidemia? Necesitas una gran confianza de solidaridad, de buena voluntad, cosas que se han agotado completamente.»[10]

Creo que estas palabras resumen perfectamente el problema de China en relación a la situación de Hong Kong, al que hacía referencia el profesor Leung, pero que no deja de ser también el problema de los gobiernos democráticos occidentales. La desconfianza que la ciudadanía siente hacia sus gobiernos, junto al caos informativo de las redes sociales, en una situación compleja como la de una pandemia, se ha pretendido subsanar con la ciencia y sus representantes, los científicos, como «sujeto de supuesto saber», es decir, que la ciencia es colocada en la grieta de la confianza que separa los gobiernos de sus ciudadanos. Leung invierte esta posición para reclamar aquello que hubiera sido deseable, y es que era necesaria la confianza entre gobierno y ciudadanía para asumir las medidas necesarias para que la ciencia pueda realizar su cometido: alcanzar un saber sobre lo que aun no sabe, como es el surgimiento de un nuevo virus, de cuyo funcionamiento y efectos se sabía prácticamente muy poco.

En realidad, y como se ha demostrado en numerosas ocasiones en el estado español tras el fin del confinamiento de la primera ola del covid 19, y junto a la relajación general de todas las medidas de protección y contención, el consejo o recomendación de los científicos no fue tan recogido por el Estado español quien, tímidamente, pedía cierta auto-contención a sus ciudadanos, cuando ya se sabía que el virus, a pesar de su bajo riesgo de rebrote, no era estacional y seguía activo. Recordemos que en España la desescalada se aceleró bruscamente en el paso de la fase 2 a la fase 3 (obviamente por las presiones económicas). Como consecuencia, el covid 19 no tardó en dar indicios de que "la pesadilla volvía". Al final de la desescalada, a principios del mes de julio, el riesgo de rebrote en España se situaba en 36,15. A mediados de agosto ya se había situado en 151,46, en lo que ya venía siendo una escalada lenta pero constante del indicador. A principios de octubre la segunda ola estaba ya en un claro ascenso llegando 304,47, alcanzando el pico a principios de noviembre cuando el indicador alcanzó los 597,68. A pesar de las indicaciones de los científicos durante todo este período, y a pesar de las medidas que ya habían tomado países como Francia, Alemania o Italia, las restricciones, en España fueron menos exigentes y dejándose a criterio de cada autonomía.

Durante la segunda y tercera ola ya hemos podido observar como los países, dotados de un mayor conocimiento del virus y su afección, de las protecciones personales (mascarillas y gel de desinfección) han aplicado las restricciones en función del un difícil equilibrio de las circunstancias económicas y también del equilibrio psíquico y emocional.

6.2. Sobre las medidas restrictivas de movilidad y de distanciamiento social.

6.21. Confinamiento, restricciones y pandemia. Después del duro confinamiento domiciliario impuesto en la primera ola del covid 19, se observaron las deficiencias del sistemas capitalista para abordar una situación como la que la pandemia implicaba e iba a implicar. Como dice el filósofo francés Alain Badiou en relación a su país, pero extensible a todo el mundo occidental, y más allá del desmantelamiento de sistema sanitario público:

… es justo decir aquí que nadie previó, ni siquiera imaginó, el desarrollo en Francia de una pandemia de este tipo, excepto quizás algunos científicos aislados. Muchos probablemente pensaron que este tipo de historia era buena para el África oscura o la China totalitaria, pero no para la Europa democrática.[11]

Uno de los problemas fundamentales que la pandemia ha comportado ha sido reconocer lo que implicaba. Es aquí, como antes decía, que la ciencia sabía muy poco. Desde mi manera de ver las cosas, faltó tratar a la ciudadanía con la debida madurez y decir las cosas con la claridad debida. El confinamiento domiciliario de la primera ola se debió a la conjunción de tres hechos básicos: como dice Badiou a la imprevisibilidad del fenómeno, a la que yo añadiría la parálisis con la que se asistía a su llegada, porque no se puede decir que no se veía venir la situación en la transición de la expansión que se dio desde su surgimiento en China a su posterior extensión a Irán y, posteriormente, a su rápido crecimiento en Italia. En segundo lugar, a la falta de medios del sistema sanitario deficiente para abordar la extensión de una pandemia de estas características, sólo comparable en su magnitud a la pandemia de la gripe española de 1918, así como de los medios de protección individuales que, en aquel momento escaseaban (mascarillas, guantes de latex, gel desinfectante) y, en tercer lugar, al desconocimiento del virus, así como a la diversa sintomatología de las patologías que causaba, especialmente en las más graves.

Asumiendo que el virus del covid no era estacional como la gripe, el desconfinamiento posterior está claro que fue realizado con una excesiva rapidez porque las presiones económicas ya eran acuciantes, como pronto se hizo claro con los brotes puntuales que empezaron a surgir. En Catalunya, por ejemplo, muy pronto se hizo visible esta situación con el brote que ya en julio apareció en Lleida, en la comarca del Segriá y que llevo a su confinamiento perimetral. En el momento del desconfinamiento era necesario haber insistido en que la situación era de un claro riesgo, y que el covid 19, sin duda, iba a volver con fuerza, con la diferencia que, en cierta medida, nos iba a coger relativamente más prevenidos en lo sanitario. Sin embargo, creo que más allá del volumen ingente de información al que habíamos podido tener acceso, sumado al confuso y caótico mundo de la información – y desinformación – de las redes sociales, aquel era el momento para haber empezado una campaña de educación para preparar a la ciudadanía a convivir con la pandemia con la mayor consciencia posible de lo que esto significaba e implicaba y que, sobretodo, aquello no iba a acabar, que iba a volver, y que iba a volver otra vez con intensidad. Más allá del consumo indiscriminado de información hubiera sido necesario la adecuada información orientada a la educación. Cuando de vez en cuando consultaba las redes sociales coincido con las palabras de Alain Badiou cuando dice:

> Por cierto, diremos con valentía, públicamente, que
> las llamadas "redes sociales" demuestran una vez más
> que son las primeras -además de que engordar a los

mayores multimillonarios del momento- un lugar de propagación de la parálisis, mentalidad bravucona, rumores sin control, descubrimiento de "novedades" antediluvianas, si no oscurantismo fascista.[12]

6.22. Medidas de restricción y crisis social. Dicho esto, vuelvo al inicio cuando dije que el duro confinamiento domiciliario impuesto en la primera ola del covid 19, puso de relieve las deficiencias del sistema capitalista para abordar una situación como la que la pandemia ha determinado. Más allá de los déficits del sistema sanitario por las reducciones presupuestarias que se arrastran desde hace años, también se han manifestado las deficiencias del estado para responder a las consecuencias económicas de los ciudadanos afectados por el confinamiento, o por las reducciones de actividad a las que se han visto obligados. Trabajadores, autónomos, así como los sectores del turismo, la hostelería, de los bares y la restauración, del comercio y la cultura, se han visto gravemente afectados. Todos hemos asistido a las condiciones y dificultades de las que han sido y son objeto para obtener ayudas que, en todo caso, son insuficientes y que, como resultado han implicado pérdidas de lugares de trabajo, autónomos que no han podido continuar con su actividad, cierres de comercios y pymes, etcétera. Es por ello que la gestión de la pandemia se ha convertido, después de la primera ola, en una gestión de la pandemia y la economía y, en un segundo plano, en el de la salud psíquica, que se ha manifestado como una progresiva detección del aumento sensaciones de fatiga y cansancio, de desmotivación, que pueden derivar en cuadros de ansiedad y depresión, a parte del empeoramiento de las personas afectadas de ciertos trastornos psíquicos. La necesidad de esta coordinación pandemia-economía ha sido defendida por el controvertido filósofo francés Bernard-Henry Lévy, quien reconozco que no cuenta con mis simpatías, y quien ha dicho:

Porque, justamente, lo que había que hacer era calcular. Hacer las cuentas, en la medida de lo posible, de las vidas que se salvaban al poner el mundo en pausa y de las que se ponían en peligro al hacerlo.

Sopesar, en los países más desfavorecidos y, en nuestro país, en las poblaciones más vulnerables, entre el riesgo de morir por la epidemia y el de morir por una atávica patología agravada por esta pausa generalizada y por nuestra fijación por el COVID-19: es decir, el hambre, que cada día mata a 25.000 hombres, mujeres y niños en todo el mundo.

A fin de cuentas, era fundamental no dejarse intimidar por ese debate falso entre «la vida» y «la economía», sino comparar el coste, en vidas, de la invasión viral por un lado y, por el otro, por la glaciación provocada por ese coma autoimpuesto a casi la totalidad del planeta, convertido en laboratorio de un experimento político radical.[13]

La lógica de éste filósofo se entiende como la lógica dentro del sistema capitalista, es decir, una lógica inevitable cuyo equilibrio se salda con fallecidos en una política de elegir el menor mal posible. Su pensamiento entronca, peligrosamente, con el del senador Dan Patrick (ver pág. 7), es decir, si hemos de asumir más fallecidos a partir de los 70 u 80 años se asumen, más los que haya de otras edades. De la misma manera que el argumento aparentemente en favor de los países más desfavorecidos, o de las poblaciones más vulnerables en nuestros países democráticos, se traduce en elegir morir de covid 19 o morir de hambre, o sobrellevar una vida miserable o, como mucho, precaria.

La realidad que se oculta tras la pandemia, el confinamiento domiciliario vivido y el período post-confinamiento con las distintas medidas restrictivas aplicadas en la segunda y tercera ola, demuestran lo que Benito Almirante, Jefe de enfermedades infecciosas del hospital Vall d'Hebron, dijo con claridad en declaraciones tras el brote de covid 19 en la comarca del Sagriá:

«La infección de coronavirus es la de la **pobreza y de la miseria.** Los pobres están más afectados. En Barcelona, Nou Barris fue el distrito más afectado y Sant Gervasi, el que menos».

Y esa realidad social fue la que observamos también en la comunidad autónoma de Madrid, dirigida por su peculiar presidenta, Isabel Díaz Ayuso, y la política selectiva que llevó de confinamientos en la segunda ola. Es curioso que la negativa del gobierno del PP y su presidenta de confinar perimetralmente Madrid fue respondida por el confinamiento perimetral de las autonomías que la rodean, obligando así a la madrileña de manera indirecta, y respondiendo de esa manera a aquellas vergonzosas palabras en las que la presidenta solicitaba un trato especial para Madrid con el alucinante argumento de que:

«Madrid es de todos. Madrid es España dentro de España. ¿Qué es Madrid si no es España? No es de nadie porque es de todos. Todo el mundo utiliza Madrid, todo el mundo pasa por aquí. Tratar a Madrid como al resto de comunidades es muy injusto a mi juicio»

Hay que reconocer que, no obstante, definió uno de los problemas del Estado español: que el centralismo de Madrid se convierta en una España dentro de España.

Las palabras de Bernard-Henry Lévy son palabras que, tras su aparente lógica, esconden la lógica descarnada del sistema capitalista bajo el cual vivimos. Lo que no se dice en esta aparente lógica de elijamos «el mal menor», es que ese «mal» va a afectar a los más desfavorecidos y con condiciones de vida más precaria. La postura de Lévy es contestada por Slavoj Zizek, quien dice:

> El cuestionamiento de la noción de solidaridad incondicional comienza a ser perceptible en los debates actuales, como por ejemplo, en la nota siguiente sobre el papel de los "tres sabios" si la epidemia hace un giro catastrófico en el reino unido:
>
>> En caso de brote grave de coronavirus en el Reino Unido, algunos directores médicos han avisado que si las unidades de curas intensivas no dan abasto, se podría llegar a negar la atención a ciertos pacientes de la sanidad pública. Bajo el protocolo dicho de los tres sabios, en cada hospital habrá tres asesores a los que quizá se pedirá que tomen decisiones sobre el racionamiento de recursos como ahora ventiladores y camas, en caso de que los hospitales queden desbordados por la afluencia de pacientes.
>
> ¿Con qué criterios operarán estos tres sabios? ¿Sacrificar los más débiles y viejos? ¿No abrirá las puertas a una inmensa corrupción esta situación? ¿Estos procedimientos no son la prueba que estamos

a punto de poner en práctica la lógica más brutal de la supervivencia de los fuertes?[14]

Y, en cierta forma, también por Badiou cuando dice:

La lección de todo esto es clara: la epidemia actual no tendrá, como tal, como epidemia, consecuencias políticas notables en un país como Francia. Incluso asumiendo que nuestra burguesía piense, dado el aumento de los gruñidos informes y consignas inconsistentes pero generalizadas, que ha llegado el momento de deshacerse de Macron, no representará absolutamente ningún cambio notable. Los candidatos "políticamente correctos" ya están detrás de escena, al igual que los defensores de las formas más mohosas de "nacionalismo", tan obsoletas como repugnantes.[15]

6.3. Restricciones, necesidad y conspiración. Y esta reflexión de Badiou me sirve para entrar en la última reflexión en relación a las medidas restrictivas y de distanciamiento que se han tomado y su relación con un posible experimento político cuyas motivaciones son un mayor control social a costa de una restricción de los valores democráticos y derechos civiles. Agamben ha sido quizá el máximo defensor de esta tesis, aunque pienso que sus ideas fueron escritas bajo la confusión general que reinó durante los meses de febrero y marzo con el estallido de la epidemia. Entiendo que sus opiniones eran escritas, precisamente, por la misma confusión que reinó inicialmente entre el mundo científico y médico, en el que prevalecía la idea de que el covid 19 no era más que una especie de gripe. Quizá esta relativización de los efectos de la enfermedad producida por el covid 19, alarmó ante las medidas que los gobiernos empezaron a tomar poco después que incluían un confinamiento duro apoyado en la declaración de un estado de alarma. De la misma manera que creo francamente que la ciencia sabía muy poco al principio y que quizá generó confusión en sus primeras apreciaciones, creo que esto es también aplicable a las conclusiones precipitadas de algunos filósofos sobre la verdadera causa la aplicación de las medidas de confinamiento y declaración del estado de alarma.

Creo que hoy en día, y vista la situación de aquellos meses bajo la perspectiva de lo que sucede prácticamente un año después, es difícil cuestionar la necesidad de aquel confinamiento ante lo que podía haber sido un desastre de proporciones mucho mayores. Invito a cualquiera que observe la curva de contagios, ingresos y ocupación de ucis de aquellos meses y que se pregunte qué hubiera ocurrido de no habernos confinado. Si comparamos los datos de la pandemia del covid, cómo se inició en esos meses y su posterior evolución, con otras pandemias del siglo XX o la gripe porcina del 2009, creo que la situación es clara. Hagamos un breve repaso:

En la primavera del 2009 hubo la pandemia provocada por el virus H1N1, llamada gripe porcina, que tuvo su origen en USA. Se calcula que desde el 12 de Abril del 2009 hasta el 10 de Abril del 2010 hubo 60,8 millones de afectados, 274.304 hospitalizaciones y 12.649 muertes en USA. En prácticamente un período de tiempo parecido, el covid 19 ha afectado en USA a 24,3 millones de personas, pero con 400 mil muertes. Curiosamente, este virus afectaba especialmente a niños, jóvenes y adultos de mediana edad.

En 1968 se dio la pandemia provocada por el virus H3N2, la gripe aviar, originaria de Hong Kong, que afectó especialmente a personas mayores de 65 años. Se calcula que el total de fallecidos fue de un millón de personas. La covid 19, a fecha actual, lleva un total de más de 2 millones de fallecidos detectados, pues no creo que todos los países den cifras fiables.

En 1957, la pandemia provocada por el virus H2N2, la gripe asiática, originada en China, en la provincia de Yunán, provocó 1,1 millones de fallecidos.

El elevado ritmo de reproducción, la mayor tasa de letalidad y su no estacionalidad definen porqué el covid 19 plantea una problemática compleja. Nadie puede negar ya, en estos momentos, que es la pandemia que más muertes ha ocasionado desde la gripe española de 1918.

Creo que una cosa que nos ha mostrado esta pandemia es el peligro de hacer ciertas reflexiones demasiado rápidas en un exceso de valoración cortoplacista, cuando en la evaluación de una pandemia el tiempo es una variable que debe también tenerse en cuenta. No puede decirse tan a la ligera, como dice Agamben, en el 28 de Marzo de 2020, lo siguiente:

En Europa ha habido epidemias mucho más graves, pero a nadie se le había ocurrido declarar a causa de ello un estado de emergencia como el que, en Italia y Francia, prácticamente nos impide vivir. Teniendo en cuenta que en Italia la enfermedad hasta el presente ha afectado a una de cada mil personas, es válido preguntarse que haría si la epidemia de verás empeorara.[16]

Si analizamos estas palabras podemos destacar lo siguiente:

La primera, que una epidemia no es una pandemia. La definición de epidemia hace referencia «al brote de una enfermedad que se propaga activamente debido a que el brote originario se descontrola y se mantiene en el tiempo. De esta forma, aumenta el número de casos en una **área geográfica concreta**.» Mientras que la definición de pandemia implica el cumplimiento de dos criterios: «que el brote epidémico afecte **a más de un continente** y que los casos de cada país ya no sean importados sino provocados por **trasmisión comunitaria**.»[17] Eso significa que los países en situación pandémica deben no sólo ocuparse de ellos mismos sino también de evitar, en la medida de lo posible, una mayor propagación del virus en el resto. Y por otro lado ¿a qué epidemias "mucho más graves" se refiere Agamben que han azotado a Europa?

La segunda, una aparente banalización de la enfermedad cuando se dice que afecta a una persona de cada mil. Habría que entender que se entiende por ese índice de "afectación" a la que se refiere (¿fallecidos, ingresados, afectados con síntomas, afectados con síntomas y asintomáticos? Por otro lado, ¿ese 1 por mil se refiere a cuanto tiempo? No sé exactamente de donde saca ese dato Agamben, pero en todo caso Italia, transcurrido casi un año de pandemia tiene 80.326 fallecidos (que referido a su población de 60 millones de habitantes, representa una tasa de mortalidad del 1,3 por mil), pero si lo referimos al número de contagiados, 2,3 millones, ese índice se convierte en una tasa de letalidad del 38,49 por mil. Sin embargo, aquí lo importante es la cuestión del tiempo, puesto que si estos datos se mantuvieran durante un año más sin ninguna solución mediante (vacuna o tratamiento), ese 1,3 por mil de fallecidos se convertirían "grosso modo" en un total de 160.652 fallecidos en dos años. Con una lógica parecida, esto situaría a Europa en los 1,2 millones de fallecidos por covid, y al mundo en los 4 millones. Hay que ir con cuidado con la utilización de índices. Es muy importante referir esos índice a los valores absolutos que implican.

La tercera, cuando Agamben se pregunta qué hubiera ocurrido si la epidemia de veras empeorara, me parece una vez más frívolo utilizar este «de veras empeorara». Los periódicos europeos se hacían eco a mediados de noviembre del caos hospitalario que vivía Italia con los hospitales italianos de nuevo al borde del colapso. ¿No es grave eso? De la misma manera, la situación en Inglaterra es parecida, y agravada con la nueva mutación del virus que lo hace más contagioso. Leía el pasado 12 de enero «Hospitales de Londres, al borde del colapso por casos covid», o «El alcalde de Londres pide ayuda urgente por la saturación de los hospitales», o «Los médicos británicos dan la voz de alarma por el desbordamiento ante el covid 19: "Algunos hospitales se están quedando sin oxígeno"», o «De lejos, lo peor que he visto en mis años de profesión: El Sistema Nacional de salud del Reino Unido al borde del abismo», etcétera. ¿No es eso grave? La situación de Inglaterra ya nos da una aproximación de qué ocurre, o puede ocurrir, si la situación pandémica empeora, como en este caso, por una mutación del virus (a la cepa inglesa y hay que añadir la de Sudáfrica y la brasileña). Y, más allá de la afectación del covid, es necesario tener en cuenta los fallecimientos colaterales que se producen y se producirán debido a estas saturaciones y colapsos hospitalarios.

6.4. Restricciones, tecnología digital y biopolitica.[18] A pesar de lo dicho, las reflexiones de Agamben si las entiendo como aquello que, debido a las características de los Estados y los gobiernos, puede marcar un antes y un después del covid en materia de control social. En eso coinciden todos los filósofos que he citado hasta ahora: Giorgio Agamben, Bernard-Henry Lévy, Slavoj Zizek y Alain Badiou, a los que podemos añadir a Byung Chul Han. Lévy lo resume en una frase:

«siempre es más fácil suspender una libertad que recuperarla»[19]

Por otro lado, estamos tan acostumbrados a la manipulación, al engaño y al abuso desmedido del poder al que nos someten los gobiernos y los políticos, que los niveles de desconfianza ya no nos permiten distinguir qué es qué. Quizá esta es una de las lecciones que, por lo menos en el Estado español, debemos sacar todos y, especialmente, los políticos y la justicia: el grado de desconfianza y la escasa credibilidad que han alcanzado quedando, en realidad, un vinculo basado sólo en el poder y no en la confianza.

Es también en base a esta relación de poder que los estados, como dice Jacques Rancière, odian en el fondo la democracia. Uno de los temas en los que también todos coinciden es en el riesgo de entrar en un control social y biopolítico a través de un control plenamente digital. En esa dirección, la explicación que el filósofo coreano Byung Chul Han da sobre el éxito del control de la pandemia en los países asiáticos me parece muy sugerente. Han ve anticuados y sin sentido los métodos de confinamiento y cierre de fronteras utilizados en Europa y, en todo caso, los define como ejercicios de soberanía nacional, y ve en la insuficiencia de estos medios el fracaso de Europa en el control de la pandemia. Por el contrario, el éxito asiático lo fundamenta en tres razones: la primera de ellas la basa en que sus estados están constituidos por gobiernos autoritarios; la segunda, en que la ciudadanía asiática (cita China, Corea y Japón) es más obediente. Han fundamenta estas dos actitudes, el autoritarismo de los gobiernos y la obediencia de la población, a la tradición cultural sobre la que ésta se levanta: el confucionismo. Y sobre estas dos bases explica la tercera, la base fundamental del control de la epidemia en Asia:

La conciencia crítica ante la vigilancia digital es en Asia prácticamente inexistente. Apenas se habla ya de protección de datos, incluso en estados liberales como Japón y Corea. Nadie se enoja por el frenesí de las autoridades por recoger datos. Entre tanto China ha introducido un sistema de crédito social inimaginable para los Europeos, que permite una valoración o una evaluación exhaustiva de los ciudadanos.[20]

Precisamente este control digital ha permitido a China ejercer un fuerte control de su ciudadanía en la situación pandémica.

El pensamiento de fondo que hay bajo las reflexiones de estos filósofos es de dos órdenes. Una se deriva de las reflexiones de Han cuando ve en el éxito del tratamiento de la pandemia por parte de Asia una muestra de fuerza, es decir, de que su sistema es mucho más apto que el occidental para hacer frente a este tipo de traumas. Mientras que, por otro lado, se teme que esto pueda llevar a los Estados europeos a querer incrementar su control digital sobre la ciudadanía.

Agamben ve, más allá del control biopolítico digital, el problema que también se deriva de las medidas basadas en el distanciamiento social y a la aparición y expansión de las tecnologías digitales de comunicación que han tenido su eclosión con esta pandemia (teletrabajo, impartir clases los profesores y maestros, reuniones sociales «pantalla mediante»), una manera a través las cuales los estados evitan el compartir el espacio común de reflexión y pensamiento que, en su caso, extiende al mundo de la Universidad:

Los estudiantes ya no vivirán en la ciudad sede de la Universidad, sino que cada uno escuchará las clases encerrado en su habitación, en ocasiones a una distancia de cientos de kilómetros de quienes, en otro tiempo, eran sus compañeros.[21]

Mi postura frente a todos estos peligros a los que estos filósofos nos enfrentan es que, más allá de aquello que los estados se dispongan a hacer, o como estos vayan a utilizar las tecnologías digitales de comunicación y el big data, es que el problema se centra en cada uno de nosotros. En varias ocasiones he afirmado que no me preocupan tanto personajes políticos obscenos y grotescos, además de peligrosos, como Donald Trump, Jair Bolsonaro, Viktor Orban o Andrezj Duda (obvio Putin o Den Chiao Ping por que no se encuadran en las democracias occidentales), sino que aquello que me preocupa son sus votantes. La pregunta preocupante es cómo el 46% de norteamericanos (74 millones de individuos) pueden votar a este personaje en estas últimas elecciones del 2020. O cómo, en su día, un 55,21% de la población voto a Bolsonaro en Brasil. O sin ir tan lejos, cómo en el Estado español, VOX, con otro personaje salido de las cavernas como Santiago Abascal y demás, obtuvo 52 escaños al parlamento con un 15,1% de los votos.

Es en ese sentido que coincido con los temores de Agamben y de todos estos filósofos. Todos ellos, algunos de una manera más discutible que otros (especialmente en la ambigüedad y arrogancia de Bernard-Henry Lévy), coinciden en aquello que de alguna manera está en sus reflexiones: ¿Cómo mantener el criterio propio en tiempos donde tenemos un exceso de información y que entre ella se oculta un notable volumen y voluntad de desinformación y, a su vez, una voluntad de control social, no sólo político sino también económico y de todo tipo de intereses? En una entrevista a Noam Chomsky, preguntado acerca de si esta pandemia cambiará la relación del ser humano con la Naturaleza contestó:

> Eso depende de la gente joven. Depende de cómo la población mundial reaccione. Esto nos podría llevar a estados altamente autoritarios y represivos que expandan el manual neoliberal incluso más que ahora. Recuerde que la clase capitalista no cede. Piden más financiación para los combustibles fósiles, destruyen las regulaciones que ofrecen algo de protección... En medio de la pandemia en EE.UU se han eliminado normas que restringían la emisión de mercurio y otros contaminantes... Eso significa matar a más niños estadounidenses, destruir el medio ambiente. No paran. Y si no hay contrafuerzas, es el mundo que nos quedará.[22]

Depende de la gente joven y también de los que ya no somos tan jóvenes, de lo que aun podamos hacer, puesto que de aquello que hagamos los no tan jóvenes hoy depende mucho de como se verán afectados los más jóvenes. Pero la cuestión, la verdadera cuestión, es como mantener el criterio en tiempos que, en verdad, son de desinformación a pesar del aparente volumen de información existente.

7. El Efecto Lucifer y la manipulación sistémica.

Noam Chomsky propuso que estuviéramos atentos a darnos cuenta de las estrategias de la manipulación mediática masiva[23], lo que le llevó a decir su famosa frase de que «La manipulación mediática hace más daño que la bomba atómica, porque destruye los cerebros.» Por otro lado, «El Efecto Lucifer: el porqué de la maldad»[24] es un libro escrito por el psicólogo Philip Zimbardo en el año 2007 basado en su experiencia con el conocido «experimento de la prisión de Stanford», realizado en 1971, y de las consecuencias que de él se derivan. En él, Zimbardo nos indica que para hacer frente a las manipulaciones sistémicas y las situaciones que pretende crear sólo disponemos de nuestra consciencia. Enumera y analiza diez características para enfrentarse al clima situacional creado por los poderes del sistema, a los que yo añadiría las manipulaciones de la información que, hoy en día, proceden de distintas fuentes, y que reciben nombres que ya son habituales en nuestro vocabulario como las fake news, las posverdades o los deepfakes. Considerémoslas aunque sea con brevedad. Para los que deseéis profundizar en cada uno de los puntos me he permitido referenciaros a una película ilustrativa del tema.

1- Ser capaz de reconocer los propios errores. Es difícil tener un criterio adecuado si no tenemos criterio acerca de nosotros mismos, si no dirigimos nuestra consciencia hacia nosotros mismos como sujeto de observación y somos capaces de reconocer nuestros errores. Si esa sana observación no la ejercemos sobre nosotros mismos estaremos distorsionados por la acción de los mecanismos de defensa del yo, y desde esa distorsión propia también aplicaremos diversos espejos de distorsión sobre la realidad que nos rodea.

> Aceptemos el dicho de que errar es humano. Hemos cometido un error de juicio; nuestra decisión ha sido errónea. Cuando la hemos tomado teníamos todos los motivos para pensar que era correcta, pero ahora vemos que nos hemos equivocado. Digamos esas frases mágicas: «lo siento», «perdón». Digámonos que aprenderemos de nuestros errores , que nos ayudarán a mejorar. (El efecto… pág. 557)

Película de referencia: Fresas salvajes (Ingmar Bergman, 1950)

2- Estar atentos en relación a cómo funcionamos en nuestra vida cotidiana. Muy relacionada con la anterior. Disponer la conciencia sobre nuestra vida cotidiana nos puede permitir reconocer las distorsiones a las que antes hacía referencia. Si esa consciencia la mantenemos atenta veremos en acción el funcionamiento de los mecanismos de defensa del yo y, en consecuencia, veremos como nos engañamos o nos auto-coaccionamos o mantenemos creencias rígidas muy discutibles, o manipulamos, etcétera. Si no descubrimos como nos engañamos a nosotros mismos, difícilmente podremos observar la realidad y accionar sobre ella de manera equilibrada. Es interesante descubrir esos «pequeños males» que forman parte de la vida cotidiana, ya que son aquellos que nos disponen hacia los «grandes males" hacia los que nos pueden orientar los distintos tipos de manipulaciones sistémicas, tanto como ejecutores (recordemos la banalidad del mal descrita por Hannah Harendt en relación al juicio del criminal nazi Adolf Eichman, o los comportamientos descritos por el mismo

Zimbardo en el experimento citado) o como víctimas, o como ambas a la vez.

> Con demasiada frecuencia actuamos con el «piloto automático» puesto, siguiendo unos guiones ya muy trillados porque nos han ido bien otras veces, sin detenernos a considerar si son adecuados para el aquí y ahora. (El efecto… pág. 557)

Película de referencia: Delitos y faltas (Woody Allen, 1989)

3- Ser responsables. Es decir, asumir las consecuencias de las propias decisiones, saber afrontar aquello que generamos cuando tomamos una dirección en detrimento de otra o de otras. No refugiarse en excusas o en buscar culpas en nuestro entorno cuando el resultado no es lo esperado, o cuando el entorno no nos acompaña. Sólo así tendremos capacidad de respuesta adecuada,. El camino de la individuación es aquel en el que sabremos asumir el lugar adecuado entre lo individual y lo colectivo, sea cual sea el nivel de dificultad que esto implique.

> Seremos mas resistentes a las influencias sociales no deseadas si siempre mantenemos un sentido de la responsabilidad personal y estamos dispuestos a hacernos responsables de nuestros actos. (El efecto… pág. 558)

Película de referencia: El club de los poetas muertos (Peter Weir, 1989)

4- Afirmar la identidad personal. Se trata de reafirmar nuestro proceso de individuación que, como consecuencia, evita que nos encasillemos y nos reduzcamos a meros sujetos pasivos refugiados en todo tipo de anonimatos. Ser transparentes y capaces de mantener los propios criterios con la consciencia clara (es decir, escuchando al otro), y saber rectificarlos o modificarlos por convencimiento, saber también cuando callar y escuchar. Y en ese equilibrio que la individuación nos proporciona entre lo individual y lo colectivo, saber también actuar para «cambiar toda condición social que fomente el anonimato» (El efecto... pág. 559) en sus múltiples formas.

> El anonimato y el secretismo encubren la maldad y debilitan los lazos humanos. Pueden convertirse en el campo de cultivo de las deshumanización y, como sabemos ahora, la deshumanización prepara el terreno a matones, violadores, torturadores, terroristas y tiranos. (El efecto... pág. 559)

Película de referencia: El dilema (Michael Mann, 1999).

5- Respetar la autoridad justa y revelarse contra la injusta. Como consecuencia de los aspectos hasta ahora descritos, saber, en consecuencia, reconocer las autoridades – sean del tipo que sean – que por sus características ejercen la autoridad de una manera respetuosa y sabia, a diferencia de las autoridades que reclaman obediencia ciega y que se refugian en la manipulación, el chantaje emocional o la amenaza (utilización e invocación del miedo). Saber reconocer a unos y desvelar a los otros.

> Muchos de los que se arrogan autoridad son seudolíderes, falsos profetas, estafadores que sirven a sus propios intereses a los que, en lugar de respetar,

habría que desobedecer y desenmascarar. (El efecto…
pág. 559)

Película de referencia: Los Chicos del Coro (Cristoph
Barratier, 2004)

**6- Desear ser aceptado y valorar la propia
independencia.** «Formar parte de» (familia, escuela,
universidad, asociaciones de todo tipo – políticas,
religiosas, filosóficas, etcétera) es una de las necesidades
esenciales de todo ser humano. Pero esa pertenencia no
puede ser al coste de la autonomía e independencia
propias. Sacrificar nuestra individuación en nombre de la
pertenencia es sacrificar nuestra identidad personal. Los
fenómenos de masas descritos magistralmente por Freud
(El yo y la psicología de masas) o Elias Canetti (Masa y
poder) nos muestran los riesgos de desaparecer para ser
aceptados.

> … en ocasiones, la conformidad con las normas del
> grupo va en contra del bien social. Es imprescindible
> determinar cuando hay que seguir esas normas o
> cuando rechazarlas. (El efecto… pág. 560)

Película de referencia: La Ola (Denis Ganssel, 2008)

7- Estar más atento a las formulaciones. Es decir, dedicar
tiempo a reflexionar sobre como se plantean ciertas ideas
o conceptos, sobre su solidez y fundamentos, más allá de
los criterios seductores que las fundamentan (la
especialidad de la manipulación mediática masiva –
atención con los eslóganes, grandes frases, titulares,
imágenes atractivas – no es cierto que una imagen valga
más que mil palabras, etcétera -). No nos conformemos
con asentir o disentir sin fundamento o de buenas a

primeras. Acostumbrémonos a ser convencidos o a convencer con argumentos claros, con fuentes precisas, a dotar a nuestras opiniones o ideas, o las de otros, del tiempo de reflexión adecuado.

El lingüista George Lakoff demuestra claramente en sus escritos lo importante que es tomar conciencia de poder de la formulación y estar alerta para contrarrestar su insidiosa influencia en nuestras emociones, en nuestro pensamiento y en nuestros votos. (El efecto… pág. 560)

Película de referencia: Doce hombres sin piedad (Sydney Lumet, 1957)

8- Equilibrar la propia perspectiva del tiempo, es decir, no precipitarse perdiendo de vista de dónde venimos y a dónde vamos. Nada hay más peligroso que un aquí y ahora exento de responsabilidad. Esto es lo que hemos vivido en esta pandemia, un exceso interpretativo a corto plazo del fenómeno, a costa de intentar comprender el fenómeno de una manera adecuada con el transcurrir del tiempo, donde aprendemos del pasado, del presente y podemos mirar de una manera adecuada al futuro.

Si desarrollamos una perspectiva del tiempo equilibrada con la que podamos hacer entrar en juego el pasado, el presente y el futuro en función de la situación y la tarea que nos ocupe, estaremos en una posición mejor para actuar de una manera más responsable y prudente que si nuestra perspectiva del tiempo sólo se basa en uno o dos marcos temporales. (El efecto… pág. 561)

Película de referencia: El Señor de las moscas (Peter Brook, 1963 o Harry Hook, 1990)

9- No sacrificar libertades civiles por la ilusión de seguridad. Este ha sido el tema que se ha estado removiendo continuamente en esta crisis. Dónde empieza la emergencia sanitaria y dónde el recorte de derechos civiles. Agamben ha sido uno de sus máximos exponentes, siguiendo a Michel Foucault en su concepto de biopolitica, en el que ha sido uno de sus discursos filosóficos centrales: la del homo sacer y la nuda vida. ¿Hasta cuanto un poder de estado puede seducirnos en nombre de preservar la vida biológica para sacrificar otras dimensiones de la vida humana como son la libertad y los derechos civiles que la preservan? ¿Hasta qué punto el sacrificio de estas últimas nos convierte en una especie de zombis, a deambular en una especie de muerte en vida?

> No sacrifiquemos nunca nuestras libertades personales básicas por la promesa de seguridad porque estos sacrificios son reales e inmediatos y la seguridad sólo es una ilusión […] En su clásica obra *El miedo a la libertad*, Erich Fromm nos recuerda que este es el primer paso que dan los caudillos fascistas incluso en sociedades en principio democráticas. (El efecto… pág. 561)

Película de referencia: El juicio de los 7 de chicago (Aaron Sorkin, 2020)

10- Puedo oponerme a sistemas injustos. Esta conclusión de Zimbardo nos llama a no rendirnos ante la injusticia sistémica, sea cual sea, y sea del origen que sea, a pesar del temor que implica enfrentarse al poder. Esto es, retomando a Chomsky, lo que los menos jóvenes podemos hacer con los jóvenes, ayudarles en su lucha contra la injusticia social en todas sus dimensiones (maltratar y explotar la tierra es una injusticia social). De alguna manera nuestra única solución es agruparnos para cuestionar al sistema y paso a paso obligarlo a cambiar.

> El sistema puede redefinir la posición de una persona calificándola de delirio, de dos personas calificándola de *folie a deux* o psicosis compartida, pero cuando ya contamos con tres personas o más nos convertimos en una fuerza que hay que tener en cuenta.

Película de referencia: En nombre del padre (Jim Sheridan, 1993)

8. Últimas reflexiones: pandemia y post-pandemia.

Empezaré estas últimas reflexiones con unas palabras de Edgar Morin:

> El futuro imprevisible se está gestando hoy. Ojalá se traduzca en una regeneración de la política, una protección del planeta y una humanización de la sociedad: es hora de cambiar de Vía.[25]

Hace unas pocas semanas que se ha empezado a administrar la vacuna de Pfizer, y también la de Moderna, contra el covid 19. Más allá de lo que se piense de estas vacunas, o de las vacunas en general, estas constituyen una esperanza en la lucha contra el virus, a falta de un tratamiento eficaz. Y, sin embargo, ni siquiera en esta ocasión somos capaces de empezar distribuyendo la esperanza con justicia. Una vez más las vacunas se dirigen hacia los países más desarrollados, y una vez más los países del tercer mundo quedan a la cola prácticamente en la nada. Los cincuenta países más desarrollados acaparan las dosis, mientras que el resto queda al margen. El doctor German Velazques, responsable durante veinte años del programa de medicamentos de la OMS y, actualmente, asesor del Centro Sur, una organización no gubernamental con sede en Ginebra que agrupa a 54 países decía:

> Eso explica que hoy en día se está violando un acuerdo que se hizo en Mayo del año pasado en la Asamblea Mundial de la Salud, por lo cual los países miembros de la OMS, es decir, todos los países del mundo, se comprometían a hacer una estrategia común donde iban a vacunar del 15 al 20 por ciento de la población de todos los países al mismo tiempo.

Eso, desafortunadamente fue un arreglo voluntario que no tenía ningún mecanismo para la aplicación obligatoria, y lo que estamos viendo ahora, seis u ocho meses después es que los países industrializados, la mayoría de los países europeos, España, Francia, Dinamarca, etcétera, que para el verano ya van a haber vacunado el 60% o 70% de la población, lo que quiere decir que están dispuestos a utilizar las vacunas que estaban destinadas al resto de los países del mundo.[26]

El doctor Velazques se refiere al proyecto COVAX.[27] Es decir, de momento continúa el mundo de siempre, un mundo dispuesto a asumir, como afirmaba el director general de la OMS, Thedros Anamon, un «fracaso moral catastrófico» que se cobrará millones de vidas., señalando, para vergüenza del mundo, que:

Ahora se han administrado más de 39 millones de dosis al menos en 49 países de ingresos altos. Sólo se han administrado 25 dosis en un país con ingresos bajos. No 25 millones, no 25.000, sólo 25. Hay que ser contundente. El precio de este fracaso se pagará con la vida y los medios de subsistencia de los países más pobres del mundo.[28]

He puesto este ejemplo de la distribución injusta de las vacunas y del interés de las farmacéuticas para poner de relieve un problema de nuestro sistema, un sistema que tácitamente es proteccionista con los intereses económicos y se desvincula, aun en situaciones de crisis humanitaria, de los intereses generales. Uno se pregunta cómo es posible que en una situación como la actual las patentes impidan una producción mayor de vacunas accesibles para todos los países del mundo.

De la misma manera, hoy también sufrimos lo que podríamos llamar una distribución de responsabilidades injusta. Constantemente se nos está recordando la responsabilidad que tenemos en relación a evitar la propagación del contagio, y más allá de que es evidente que su cumplimiento es necesario, la cuestión es que esta pandemia da cuenta de la grave irresponsabilidad residente en el sistema capitalista. El impacto que esta pandemia ha tenido, y está teniendo, es proporcional a ese grado de irresponsabilidad del sistema, a ese privilegio de los intereses económicos por encima de cualquier otro criterio. Pero como dice de nuevo Edgar Morin:

> La crisis ha puesto en cuestión el neoliberalismo, sustrato doctrinal de las políticas aplicadas en el mundo desde los años Thatcher-Reagan, que promueven la libre competencia como solución a todos los problemas sociales y humanos, y que propugnan la libertad máxima para las empresas y un papel del Estado reducido al mínimo. El neoliberalismo es el que ha inspirado la privatización de los servicios públicos, los recortes en los hospitales y la comercialización de sus servicios, la práctica de los flujos y de la deslocalización. Todo ello en la perspectiva siempre desmentida de que el aumento de la riqueza de los ricos «goteará» sobre las clases populares.[29]

Sin embargo, y como decía Alain Badiou, y como ocurrió en la crisis económica del 2008, los mismos que han creado el problema son los que ya se proponen para dar soluciones, es decir: más de lo mismo. Sin olvidar las tesis de Naomi Klein sobre la doctrina del Shock, en el que las catástrofes son aprovechadas por el sistema para imponer leyes y medidas impopulares que refuerzan la doctrina en la que se basan: favorecer con el menor control posible la agresividad de los mercados.

Citaba en la introducción de estas reflexiones las palabras de Peter Sloterdijk acerca de que esperaba «una transformación de la consciencia colectiva dentro del individualismo». Slavoj Zizek confía en que esta pandemia desarrolle una solidaridad internacional, un comunismo modernizado, que permita acabar con la barbarie capitalista. Y es aquí donde todos tenemos algo a decir, y Edgar Morin dice:

> Un cambio de paradigma es un proceso largo, difícil y caótico que topa con enormes resistencias de las estructuras establecidas y de las mentalidades. Se efectúa mediante un largo trabajo histórico a la vez inconsciente, subconsciente y consciente. La conciencia puede contribuir al avance del trabajo subconsciente e inconsciente. Es lo que creemos y en ello queremos participar.[30]

Si no es así, y más allá de la catástrofe climática que cada día va dándonos más indicios de que se acerca, la sociedad corre el riego de polarizarse más en una capa poco numerosa en la que tendremos a la élite más todos aquellos que viven a su sombra; una capa mucho más numerosa que serán los que malviven; y una capa final, la más numerosa de las tres, que son los que no viven, es decir, los condenados a sobrevivir.

En la sinopsis del libro de Edgar Morin se dice:

> La posepidemia será una aventura incierta en la cual
> se desarrollarán las fuerzas de lo peor y de lo mejor,

aunque estas últimas todavía son débiles y están dispersas. Pero lo peor no es seguro, y lo improbable puede acaecer.[31]

Esperemos que la transformación de la consciencia individual vaya imponiendo lo mejor de nosotros como una consciencia colectiva por encima de la dimensión sombría que se oculta tras el «triunvirato» formado por los Estados, la política y el sistema económico imperante.

NOTAS.

[1] Luc Montangier no aportó en ningún momento dato alguno que confirmará su afirmación. Otro estudio en el que se afirmaba también la posibilidad de que el covid 19 fuera de origen artificial fue retirado por sus autores del *preprint* de la revista *Nature Medicine* (es decir, que aun no había sido revisado) ante los análisis secuenciales del genoma del virus que se contrastaron con la base de datos GenBank, demostrando que nada hacía suponer ese supuesto origen artificial.

[2] Opiniones vertidas por una serie de investigadores en el programa "El método", emitido por RTVE el 4/05/2020.

[3] **Agamben, Giorgio.** *La epidemia como política.* Adriana Hidalgo editora, pág. 58

[4] **Klein, Naomi.** *Esto lo cambia todo: El capitalismo contra el clima* (Spanish Edition) . Grupo Planeta. Edición de Kindle.

[5] **Zizek, Slavoj.** *Pandemia.* Nous quadrans anagrama, pág. 22

[6] *Comparison of the characteristics, morbidity, and mortality of COVID-19 and seasonal influenza: a nationwide, population-based retrospective cohort study.* Artículo publicado en "The Lancet respiratory medicine" por **Piroth, Lionel; Cottenet, Jonathan; Mariet, Anne-Sophie y otros** el 17 de diciembre del 2020.

[7] **Ver nota 3,** pág. 66

[8] **Ver nota 3,** pág. 67

[9] **Ver nota 3,** pág. 103

[10] **Ver nota 5,** pág.16

https://www.theguardian.com/world/2020/feb/11/coronav irus-expert-warns-infection-could-reach-60-of-worlds-population.

[11] **Badiou, Alain.** *Tracts de Crise (N ° 20) - Sur la situación épidémique (Edición francesa).* Editions Gallimard. Versión Kindle, pág. 8

[12] **Ver nota 11,** pág. 10

[13] **Levy, Bernard-Henri.** *Este virus que nos vuelve locos* (Spanish Edition)). LA ESFERA DE LOS LIBROS, S.L.. Edición de Kindle. Págs. 23-24

[14] Ver nota 5, págs.. 70 y 71

[15] **Ver nota 11,** págs. 9 y 10

[16] **Ver nota 3,** pág. 37

[17] Definiciones extraídas de la web de **"La gaceta médica"**: https://gacetamedica.com/investigacion/cual-es-la-diferencia-entre-brote-epidemia-y-pandemia/

[18] El término biopolítica es un neologismo utilizado por **Michel Foucault** para identificar una forma de ejercer el poder no sobre los territorios, sino sobre la vida de los individuos y las poblaciones. Este tipo de poder es denominado **biopoder.**

[19] **Ver nota 3,** pág. 41

[20] **Han, Byung Chul.** Artículo para el periódico "El País" (22/03/2020): *La emergencia viral y el mundo de mañana. Byung-Chul Han, el filósofo surcoreano que piensa desde Berlín*

[21] **Ver nota 3,** pág. 93

[22] **Chomsky, Noam.** Entrevista para el periódico argentino Clarin: Chomsky: "Esta pandemia nos puede llevar a estados altamente autoritarios y represivos"
https://www.clarin.com/cultura/chomsky-pandemia-gobiernos-problema-solucion-_0_WT6bxNONs.html

[23] https://vissonar.com/marketing-online/principios-de-la-manipulacion-mediatica-masiva/

[24] **Zimbardo, Philip.** *El efecto Lucifer: El porqué de la maldad.* Ed. Paidós.

[25] **Morin, Edgar.** Cambiemos de vía. Grupo Planeta. Edición de Kindle, pág. 17

[26] Extraído de la entrevista realizada por Lidia Heredia en el programa "Els Matins de TV3" el 18/01/2021:
https://www.ccma.cat/tv3/alacarta/els-matins/rafael-vilasanjuan-les-patents-poden-destruir-la-campana-de-vacunacio/video/6079345/

[27] https://www.who.int/es/initiatives/act-accelerator/covax

[28] Periódico Ara: 'OMS alerta d'un "fracàs moral catastròfic" si les vacunes contra el covid no arriben als països pobres
http://ara.cat/_9b1f9b5e

[29] **Ver nota 25,** pág. 39

[30] **Ver nota 25,** pág. 17

[31] **Ver nota 25,** pág. 9

OTROS LIBROS DEL AUTOR.

LOS SUEÑOS EN PSICOTERAPIA GESTALT... Y MÁS ALLÁ es un libro que pretende compartir mis experiencias y mis trabajos con el mundo de los sueños. Tanto por mi experiencia personal, como por mi trabajo como psicoterapeuta, los sueños, estos extraños visitantes nocturnos a los cuales nuestra consciencia parece ponerles tantas dificultades para ser recordados, así como para ser "descifrados", han constituido una fuente de continuo aprendizaje e inspiración, tanto sobre mí mismo, como creo poder afirmar que también lo han sido para muchos de mis pacientes o alumnos que se han formado conmigo en estos años.

L'ETERNITAT I L'INTANT, 101 HAIKUS. El llibre l'he organitzat en dues parts. La primera està dedicada a haikus que han anat sorgint espontàniament, i generalment inspirats per imatges de la natura, i que donat que m'agrada la fotografia els he acompanyat d'aquestes imatges inspiradores. No recordo on vaig llegir que per escriure haikus hom s'ha de submergir a la Natura, però molts d'aquests haikus parteixen d'aquest submergir-s'hi. Respecte a la segona part del llibre podem parlar de sèries de haikus relacionats amb algun tema que ha cridat la meva atenció: Les imatges del Tarot, La pèrdua i la bellesa.